STATUTS

ET

REGLEMENS,

Pour la Communauté des Maistres Paulmiers-Raquetiers de la Ville & Fauxbourgs de Paris.

STATUTS
ET
REGLEMENS,

Pour la Communauté des Maistres Paulmiers-Raquetiers de la Ville & Fauxbourgs de Paris, en quatorze Articles rédigez dans leur Assemblée & deliberation du Mardy 29. Janvier 1726.

ARTICLE I.

Qu'IL sera élû tous les quatre ans un nouveau Syndic à la pluralité des

voix des Maiſtres, pour exer-
cer le Syndicat pendant quatre années ſeulement.

I I.

Qu'il ſera élû tous les ans
un nouveau Juré pour faire,
conjointement avec celui
qui ſe trouvera Comptable,
les Viſites ordinaires & ne-
ceſſaires chez tous les Maiſtres de leur Vacation,

I I I.

Qué chaque Juré nou-
veau reçû reſtera en exercice

5

deux années feulement , & payera immediatement a-près fa Réception entre les mains du Comptable , en préfence de quelques Anciens, la fomme de *cinquante livres* au profit de la Communauté, que ledit Comptable employera en l'acquit de ce qu'elle pourra devoir, lefquelles cinquante livres cefferont d'être payez lorf-que ladite Communauté fera acquittée.

I V.

Que les fils de Maiftres
A iij

feront reçûs à la Maiſtriſe
en payant les droits de Monſieur le Procureur du Roy,
vingt livres à la Commu-
nauté pour le Droit Royal,
douze livres pour le droit
d'Enregiſtrement, ſix jettons au Syndic de vingt ſols
piece, trois à chacun des
Jurez, deux jettons à chacun
des ſix Anciens qui doivent
être mandez à ſa Reception,
un au Maiſtre dernier reçû,
& un au Clerc de la Com-
munauté, outre ſon droit
ordinaire en argent de la
ſomme de trois livres.

7

V.

Que dudit jour 29. Janvier 1726. jour de ladite deliberation à dix années accomplies, il ne fera point fait d'Aprentis, attendu la quantité des fils de Maiſtres & la demolition des Jeux de Paulme.

V I.

A l'égard des Aprentis qui ſont actuellement faits, qu'après qu'ils auront fait le Temps de leur Aprentiſſage, ils ſeront tenus avant d'être reçûs Maiſtres de communiquer & juſtifier aux Jurez & Syndic de leurs Brevets d'Aprentiſſage bien & valablement quitancez de leurs Maiſtres, & faire le Chef-d'œuvre en la maniere accoutumée.

VII.

Que pour la Reception d'un Maiſtre qui fera Chef-d'œuvre, il ſera payé *cent cinquante livres* au profit de la Communauté, trente livres pour le Droit Royal, vingt-quatre livres pour le Droit d'Enregiſtrement, ſix jettons de vingt ſols piece à chacun des Jurez & au Syndic , trois à chacun des ſix Anciens qui doivent être mandez à ſa Reception , deux au Maiſtre dernier reçû , & deux au Clerc de la Communauté , outre ſon droit en argent , & les droits de Monſieur le Procureur du Roy.

V I I I.

Que nul deſdits Maiſtres ne pourra prendre aucun

Compagnon qu'il n'ait con-
gé de celui du service du-
quel il sortira n'en soit con-
sentant, & qu'il ne soit satis-
fait du Compagnon de ce
qui pourroit lui être dû.

I X.

Qu'arrivant à Paris des
bois de Raquettes par eau
ou par terre, soit écrus ou
façonnez, lesdits bois seront
lotis, partagez & delivrez
par égale portion entre tous
les Maistres qui seront pré-
sents lors de la distribution
d'iceux, ou envoyesont de

leur part , de laquelle dif-
tribution ils feront avertis
par le Clerc de la Commu-
mauté , lefquels bois feront
préalablement vûs & vifitez
par lefdits Jurez , & mar-
quez des marteaux de ladite
Communauté, defquels bois
auffi lettres d'avis auront été
données avant tout aufdits
Jurez.

X.

Que les Jurez feront te-
nus & obligez de commu-
niquer les affaires de la
Communauté au Syndic d'i-

celle, afin d'en prendre avis,
& de les accompagner, s'il
est necessaire, dans la solli-
citation desdites affaires &
à quelques Anciens.

X I.

Qu'il sera payé par cha-
cun Maistre aux Jurez en
charge de la Communauté
quarante sols par chaque
Visite qu'ils feront tous les
trois mois ; sçavoir , trente
sols au profit de ladite Communauté , laquelle somme
servira pour & en l'acquit
de ce qu'elle pourroit de-

voir, & dix fols pour lefdits Jurez , jufqu'à ce que
ladite Communauté foit acquittée.

XII.

Que les Maiftres qui
n'auront pas encore tenu
Maifons, & qui s'établiront
foit en Jeux de Paulme ou
ailleurs, payeront dix livres
au profit de la Communauté
pour Ouverture de Bou-
tique.

XIII.

Que tous Maistres dudit Métier, & non d'autres, comme Maistres de Caffez, Jeux de Boulle, Cabaretiers, Chandeliers, & autres de telle Communauté que ce puisse être, auront leur Billard; sçavoir, les Maistres tenans Jeux de Paulme dans la Maison desdits Jeux de Paulme, & les autres Maistres de ladite Communauté où bon leur semblera, pourvû qu'ils ne soient point dans la même ruë desdits Jeux de Paulme, & feront payer les Parties de Billard tous également, à peine d'être déchus de leur Maiſtriſe, leſquelles Parties ſeront payées au moins ſix blancs au jour, & cinq ſols à la chandelle, & en payant les droits entiers de viſite, & la capitation à laquelle ils ſeront impoſez ſuivant la conſiſtance des Maiſons quils occuperont.

XIV.

Que pour le paſſé juſques & compris ledit jour 29. Jan-

vier 1726. jour de ladite deliberation, les Maiftres ge-
neralement qui feront reçûs
& qui auront des enfans,
lefdits enfans pourront pa-
reillement avoir Jeux de
Paulme & Billards, étans
préalablement reçûs Mai-
ftres & ayant l'âge de vingt
ans accomplis, après lequel
temps les enfans qui vien-
dront à naiftre avant la Mai-
trife de leurs Peres n'auront
aucun droit à la Maîtrife
qu'en faifant aprentiffage.

LETTRES

LETTRES

DE

CONFIRMATION

Desdits nouveaux Statuts.

LOUIS par la grace de Dieu, Roy de France & de Navarre ; à tous présens & à venir : SALUT. Nos chers & bien amez les Maistres Paulmiers-Raquetiers de Nostre bonne Ville & Fauxbourgs de Paris, Nous ont fait remontrer qu'ils sont gouvernez depuis

B

plus de deux cent ans par
des Statuts confirmez par
plusieurs Lettres Patentes
des Roys nos prédecesseurs,
& Arrêts de Nostre Conseil;
mais qu'il étoit arrivé de si
grands changemens dans
leur Communauté, qu'elle
se trouvoit réduite au des-
sous de la moitié de ce qu'-
elle étoit il y a soixante ans ;
& qu'après plusieurs confe-
rences entre eux , & une
mûre deliberation , ils ont
crû que pour la discipline
& le soûtien de leur Com-
munauté , il étoit necessaire
de former de nouveaux Sta-

tuts qu'ils ont rédigez en
quatorze Articles dans leur
assemblée generale du 29.
Janvier 1726. desquels ils
nous ont très-humblement
fait supplier de leur vouloir
accorder nos Lettres de Con-
firmation necessaires : A CES
CAUSES, Nous avons agréé,
confirmé, approuvé & au-
thorisé, & de nostre grace
speciale, pleine puissance &
authorité Royale agréons,
confirmons, approuvons &
authorisons par ces présen-
tes signées de nostre main
lesdits nouveaux Statuts en
quatorze Articles rédigez

B ij

en l'affemblée des Expofans
du 29. Janvier 1726. cy at-
tachez avec les anciens Statuts de leur Communauté ,
Lettres & Arrêts de Con-
firmation d'iceux , & autres
Pieces fous le contre-fcel de
noftre Chancellerie ; Vou-
lons & Ordonnons qu'ils
foient gardez & obfervez
felon leur forme & teneur,
& n'y foit contrevenu ;
pourvû toutefois qu'il n'y
ait rien qui puiffe préjudi-
cier à nos droits , & qu'il ne
foit intervenu aucun Arrêt
ny Reglement contraire. S₁
DONNONS EN MANDEMENT

à nos amez & feaux Con-
feillers, les Gens tenans
noftre Cour de Parlement
à Paris, Prévoft de Paris,
fes Lieutenans au Châtelet,
& autres nos Officiers qu'il
appartiendra que ces pré-
fentes ils faffent regiftrer,
garder & obferver, & de
leur contenu joüir & ufer
les Expofans pleinement &
paifiblemnt, à ce faire &
obéir, contraindre tous ceux
qu'il appartiendra, ceffant,
& faifant ceffer tous trou-
bles & empêchemens con-
traires : CAR tel eft noftre
plaifir, & afin que ce foit

chofe ferme & ftable à toû-
jours , Nous y avons fait
mettre noftre Scel. DONNE'
à Marly au Mois de Février,
l'an de grace mil fept cent
vingt fept , & de noftre
Regne le douziéme. *Signé*,
LOUIS , & fur le reply,
par le Roy. PHELYPEAUX;
& fcellées du grand Sceau
de cire verte , en lacs de
foye rouge & verte.

*Regiftrées , oüy le Pro-
cureur General du Roy,
pour joüir par lefdits Im-
petrans & ceux qui leur
fuccederont en ladite Com-*

munauté de leur effet &
contenu, & être executées
selon leur forme & teneur,
suivant & conformement
à l'Arrêt de ce jour. A
Paris en Parlement le 3.
Septembre 1727. Signé,
DUFRANC, avec Pa-
raphe.

Lesdits Statuts obtenus
& enregistrez de la Jurande
de GEORGES MION, avec
CHARLES LE ROUX, &
JOSEPH MASSON.

Pendant les Syndicats de

24
JEROSME LE ROUX, &
PIERRE LATAILLE.

*Permis d'imprimer le 5.
Novembre 1727.*
HERAULT.

*Regiſtré ſur le Livre de la
Communauté des Libraires &
Imprimeurs de Paris, No. 1639.
A Paris, le 18. Novembre 1727.*
BRUNET, Syndic.

A P A R I S,
De l'Imprimerie de PIERRE
DELORMEL, ruë du Foin,
à ſainte Geneviéve, 1727.